Richard Deiss

Hier war Goethe nie

77
wundersam-witzige Info- und Gedenktafeln

Impressum

Autor:	Richard Deiss
Fotografien:	Richard Deiss/siehe Quellennachweis
Cover:	Richard Deiss
	(Tischbein Goethe-Portrait im Städel)
Lektorin:	Heide von Lackum
Kontakt:	richard.deiss@gmail.com

Herstellung und Verlag: BoD - Books on Demand, Norderstedt, Printed in Germany

ISBN: 978-3-756-214-662

Zweite Auflage 2023, Originalausgabe

© Richard Deiss, Isny 2023

Bibliografische Information der Deutschen Nationalbibliothek
Die Deutsche Nationalbibliothek verzeichnet diese Publikation in der Deutschen Nationalbibliografie; detaillierte bibliografische Daten sind im Internet über http://dnb.d-nb.de abrufbar

Inhalt

Schild in **Schleswig**, Fuß am Holm

ON
THIS SITE
SEPT. 5, 1782
NOTHING
HAPPENED.

Vorwort

Ich bin ein ausgesprochener Städte-Reisender und habe in Deutschland bereits mehr als 1000 Städte besucht und im restlichen Europa 1000 weitere Städte. Bei diesen vielen Städtebesuchen stieß ich immer wieder auf interessante Gedenk- und Informationstafeln. Schätzungsweise habe ich bereits mehr als 1000 solcher Tafeln gesehen.

Anfang des Jahres 2022 fasste ich den Beschluss, die 100 interessantesten Tafeln in einem kleinen Taschenbuch aufzulisten. Das letzte Kapitel sollte dabei besonders witzigen und kuriosen Tafeln gewidmet sein. Das brachte mich auf die Idee, dass es reizvoll sein könnte, einen speziellen Band nur zu seltsamen, kuriosen oder absurden Gedenk- und Infotafeln zu publizieren. So begann ich voller Entdeckergeist, die Sammlung von 10 Tafeln, die ich bereits hatte, zu erweitern, um ein Taschenbuch zu füllen. Mein Ziel war: **77 außergewöhnliche Tafeln.**

So unternahm ich noch einige kleinere Reisen, um die meisten der ausgemachten Tafeln auch selbst zu besuchen und zu fotografieren.

Die vorliegende Zusammenstellung, die sich damit ergab, ist eine bunte Mischung aus verschiedenen Tafeltypen und Gedenkgegenständen in verschiedenen Orten, mit Schwerpunkt Deutschland.

Ich freue mich, wenn das Buch begeisterte Leser findet, die es interessant und unterhaltsam finden. Rückmeldungen und Kommentare sind willkommen. Vielleicht werden LeserInnen auch angeregt, die eine oder andere Tafel selbst in Augenschein zu nehmen. Jörg Berkes (Langen) möchte ich für Korrekturhinweise zur ersten Auflage danken.

Viel Spaß beim Lesen und dem Betrachten von Tafeln.

Isny im Februar 2023
Richard Deiss

Vorwort zur 2. Auflage

Seit der im Juni 2022 erschienen ersten Auflage bin ich auf Reisen auf weitere originelle Schilder gestoßen. Im September 2022 habe ich zudem ein Buch zu Infotafeln und Displays zu Zahlen und Statistiken veröffentlicht. Dort sind jetzt die Tafeln aus dem Kapitel *Messungen* des ersten Bandes enthalten. Das entsprechende Kapitel nehme ich deshalb aus der zweiten Auflage.

Entsprechend weggefallen sind somit:
- Besucherstatistik Miniatur-Wunderland Hamburg
- Schuldenuhr Berlin
- St. Gallen Bahnhofsuhr

Neu aufgenommen wurden dagegen:

- Davidsquelle, Wien
- Friesoythe Hbf
- Mozart und Altwied
- Unterhopfung, Köln
- Pinkelbaum, Frankfurt
- Ich-Denkmal, Frankfurt
- Denkmal Grüne Soße, Frankfurt

Ich hoffe, das Buch ist dadurch noch interessanter geworden.

1. Goethe

Johann Wolfgang von Goethe (*1749 in Frankfurt am Main, ✝ 1832 in Weimar) reiste sehr viel, hatte ein langes Leben und war schon früh eine sehr angesehene Geistesgröße. Fast jeder Ort, in welchem sich Goethe aufgehalten hat, bringt den Stolz darüber in einer Gedenktafel zum Ausdruck. Deshalb gibt es sehr viele Gedenktafeln, die Aufenthalte Goethes bekunden. Allein im böhmischen Bäderdreieck soll es davon über 300 geben.

Die hohe Tafelzahl hat jedoch auch ironische Gegenreaktionen hervorgerufen. Dazu gehören Tafeln, die sagen, dass Goethe hier **nie** war oder, dass er etwas anderes gemacht hat, als sich hier nur aufzuhalten.

Goethe-Denkmal am Marktplatz in Ilmenau

Bad Salzdetfurth, Unterstraße

Goethe war sehr reisefreudig. In zahlreichen Orten, sind Tafeln zu finden, die daran erinnern, dass Goethe einst in einem bestimmten Gebäude nächtigte oder gewohnt hat. Schwerpunkte dabei sind: Thüringen, Hessen, Sachsen, der Harz und Böhmen. Im niedersächsischen Bad Salzdetfurth scheint der Dichterfürst jedoch nicht gewesen zu sein. Dort ist in einem Schaufenster folgende im Handel erhältliche postkartengroße Metalltafel zu sehen:
'Hier war Goethe nie'

Plauen, Gasthof Matsch, Nobelstraße 5

Das Vogtland und Plauen waren zwar nicht direkte Reiseziele Goethes. Er kam jedoch auf seinen Reisen in das böhmische Bäderdreieck, vor allem auf dem Weg von Weimar nach Karlsbad, mehrmals hier durch. Meist übernachtete Goethe in Schleiz oder Hof, seltener in Plauen. Dort kehrte er jedoch **nicht** in der Matsch ein, Plauens älteste Gastwirtschaft & Hotel, gegründet im Jahre 1503. Darauf weist ein Schild an der Fassade der Gastwirtschaft hin. Vielleicht war ihm dies einfach **'too Matsch'**.

Tübingen, Münzgasse 13

Im September 1797 reiste Goethe vom württembergischen Waldenbuch ins benachbarte Tübingen und übernachtete in einem Privatquartier in der Münzgasse 15 in der Altstadt. Dies wurde ihm vom Buchhändler Johann Friedrich Cotta (1764-1832) bereitgestellt. An diesem Cottahaus erinnert eine Gedenktafel daran, dass sich Goethe hier vom 7. bis 16. September 1797 aufhielt. An einem Fenster des Nachbarhauses, dem Martinianum, nimmt man die vielen Goethe-Gedenktafeln, die auf die simple Tatsache seines Besuches hinweisen, mit einer inoffiziellen Tafel etwas auf die Schippe: **'Hier kotzte Goethe'.**

2. Fiktive Personen

Es gibt Personen, die gibt es gar nicht. In Jena, der Stadt, welche die heute für Studentenstädte typische Gedenktafel-Tradition eingeführt hat, gab es eine der ersten Tafeln für eine nicht existierende Person. In Günzburg hatte ein Archivar schon Anfang der 1990er Jahre als Aprilscherz und um die Fremdenführer zu foppen, eine Gedenktafel für einen erfundenen Erfinder aufgehängt. Noch älter ist die Mierscheid-Geschichte, die gelangweilte Parlamentarier gesponnen hatten. Eine Mierscheid-Tafel gab es jedoch erst 2013 in Berlin (mittlerweile verschwunden).

Der Londoner Stadtteil Soho ist bekannt für die dort oft platzierten Guerilla-Gedenktafeln, welche sich an das Design der offiziellen britischen runden blauen Tafeln halten. Diese inoffiziellen Tafeln hängen nur so lange, bis sie behördlicherseits wieder entfernt werden. **Eine Fake-Gedenktafel ist zum Beispiel Jacob von Hogflume gewidmet.** Er scheint aus Schweden zu stammen, denn ähnliche Tafeln erscheinen gelegentlich in Stockholm. Das Jahr, in welchem der recht früh verstorbene, angebliche Erfinder der Zeitreise an der entsprechenden Stelle gelebt hat, wechselt immer wieder, liegt aber weit in der Zukunft.

Jena, Ballhausgasse 6

Jena gilt als die deutsche Universitätsstadt, die die Tradition der Gedenktafeln für wichtige Geistesgrößen eingeführt hat, welche sich in der Stadt im Zusammenhang mit dem Unibetrieb aufgehalten haben. Später übernahm Göttingen ein ähnliches Gedenktafelsystem.

Jena war dabei womöglich auch die **erste Stadt,** welche eine **scherzhafte Gedenktafel** aufstellte.

So erinnert eine Tafel an den ewigen Studenten Friedrich Wilhelm Demelius, der von 1827-1873 102 Semester studierte, dabei aber nie einen Hörsaal, jedoch umso mehr Kneipen, von innen sah. Wegen seiner alkoholbedingten Magerkeit wurde er auch 'Latte' genannt. Eine Tafel zierte bis Anfang der 90er Jahre ein Haus in der Ballhausgasse. Im Februar 2011 wurde schließlich eine Replik der Gedenktafel angebracht. Diese weist auf seinen Spitznamen hin und auf die Tatsache, dass er eigentlich kein Student war (und eigentlich hat es ihn ja auch gar nicht gegeben).

Günzburg, Hofgasse 3

Am 1. April 1991 entsann sich die Stadt Günzburg zu dessen 200. Geburtstag endlich eines berühmten Sohnes. **Josef Klimm** wurde am 1. April 1791 in Hundsknoppernreuth/Oberpfalz geboren und begegnete in seiner Studienzeit in Berlin dem Turnvater Jahn. Den Nutzen für die Muskelanspannung einer Übung an einer waagrechten befestigten Turnstange, wies er in seiner 1819 vorgelegten Dissertation 'Exemplarische Exploration der Extension der oberen Extremitäten' nach. Die zwischenzeitlich nach dem Erfinder '**Klimmzug**' genannte Übung, geriet jedoch wieder in Vergessenheit. Erst 1919, zum 100. Geburtstag der Erfindung, fand sie wieder mehr Beachtung.

Noch heute spricht man von Klimmzügen, während der Erfinder, trotz der Gedenktafel, weiter ziemlich unbekannt geblieben ist. Es ist wohl nötig, zum 1. April 2091 eine neue Aktion zu starten.

Berlin, Mierscheid-Steg über die Spree am Paul-Löbe Haus

Jakob Maria Mierscheid ist eine 1979 von den SPD-Politikern Peter Würtz und Klaus Haehser geschaffene Kunstfigur. Nach seiner Biografie wurde Mierscheid am 1. März 1933 in Morbach im Hunsrück geboren, ist SPD-Mitglied und gehört seit Dezember 1979 dem Bundestag an. Obwohl Mierscheid im Grunde genommen mittlerweile zu alt ist, um glaubhaft im Bundestag sitzen zu können, wird seine Biografie weitergesponnen. Wahrscheinlich wird ihm auch zum 90. Geburtstag gratuliert werden. Am 1. März 2013 hatte ihm Bundestagspräsident Norbert Lammert bereits zu Beginn der Plenarsitzung zum 80. Geburtstag gratuliert. Damals wurde auch ein Fußgängersteg nach ihm benannt. Interessant ist auch das sogenannte Mierscheid-Gesetz, welches besagt, dass das Wahlergebnis der SPD in % der Stahlproduktion Westdeutschlands in Millionen Tonnen entspricht. Im Jahre 2002 war die Prognosequalität dieses Gesetzes höher als die der Meinungsforschungsinstitute.

Steg über die Spree zwischen zwei Bundestagsgebäuden, der inoffiziell **Mierscheid-Steg** heißt und 2013 eine entsprechende Tafel bekam, die jedoch mittlerweile wieder verschwunden ist. Als hätte es sie, wie den Abgeordneten, nie gegeben.

3. Wo nichts geschah

In Deutschland gibt es in vier Städten **'Hier geschah nichts'**-Tafeln/Platten. Vermutlich hatte Kyritz in Brandenburg die erste Tafel (1995), darauf folgte wohl Dresden, dann Schwerte und schließlich Wuppertal.

In London tauchen immer wieder inoffizielle **'nothing happened here'**-Tafeln auf, die aber von den Behörden immer wieder entfernt werden. Auch in Paris waren solche schon zu sehen.

Seltener sind Tafeln, welche zeigen, wo beinahe etwas geschah. Ein Beispiel dafür findet sich in Perchtoldsdorf bei Wien.

Der österreichisch-ungarische Anatom Joseph Hyrtl, der 1810 in Eisenstadt/Burgenland geboren wurde und in Perchtoldsdorf, wo er lange lebte, gestorben ist, ist als Begründer der internationalen Anatomischen Nomenklatur in die Geschichte eingegangen. Von seiner Pensionierung im Jahre 1874 bis zu seinem Tod im Jahre 1894 lebte er in Perchtoldsdorf bei Wien. In Perchtoldsdorf ist Hyrtl auch begraben und der Ort ist ihm besonders verbunden, was auch eine äußerst kuriose Gedenktafel zeigt.

Neuwied-Altwied, Burgtorstraße

Der in Salzburg geborene Wolfgang Amadeus Mozart (1756-1791) war fast ein Drittel seines kurzen Lebens, 3720 Tage und damit über 10 Jahre, auf Reisen. unternahm in seinem kurzen Leben recht viele Reisen. Vor 1781 war der Ausgangspunkt der Reisen oft Salzburg, danach eher Wien. Nach Prag reiste Mozart zweimal im Jahr 1987 und einmal in seinem Todesjahr 1791.

1776, wie unten auf dem Schild angegeben, war Mozart nicht auf dem Weg nach Prag. Altwied im Rheinland liegt zudem Hunderte km entfernt von der Reisestrecke Wien-Prag, kein Grund also, hier zu übernachten. Auch in Eduard Mörikes Novelle Mozart auf der Reise nach Prag, die über eine erfundene Begebenheit berichtet, reist Mozart 1787 nach Prag.

Kyritz (Brandenburg), Marktplatz

Die Bodenplatte in der Fußgängerzone von Kyritz, die daran
erinnert, dass am 14.02.1842 um 10:57 Uhr an dieser Stelle
NICHTS geschah, soll 1995 anlässlich eines Symposiums des bis
2010 in Kyritz bestehenden Lügenmuseums gelegt worden sein.
Mittlerweile hat der Zahn der Zeit an ihr genagt und sie zeigt
bereits Risse, was sie umso mehr als historische Platte erscheinen
lässt.

Dresden, Bergbahnstraße 1, Außenmauer Villa Maria

Die Villa Maria in der Bergbahnstraße in Dresden Oberloschwitz wurde nach 1990 vom Opernsänger Gunther Emmerlich, der hier seit 1979 lebte, aufwändig renoviert. Wann die Gedenktafel: **'Hier geschah absolut nichts'** angebracht wurde, ist allerdings unklar. Der recht gute Zustand deutet darauf hin, dass das nicht vor der Sanierung in den 1990ern geschehen ist. Vielleicht wurde das Anbringen durch die Tafel in Kyritz inspiriert.

Schwerte, Mühlenstraße, Altstadt

An einer Mauer in der kleinen Fachwerk-Altstadt der am Rande des Ruhrgebietes gelegenen westfälischen Hansestadt Schwerte hat der örtliche Heimatverein ein kleines Metallschild anbringen lassen, dass sich hier am 15. Mai 1785 **überhaupt gar nichts ereignete.** Die Idee dazu kam dem Altstadtverein nach einem Fernsehbericht, der die Tafel in der Bergbahnstraße in Dresden zeigte (am Haus des Opernsängers Emmerlich). Um 2015 bestellte der Heimatverein bei einer Firma in Bayern dann diese kleine Emaille-Tafel.

Allerdings ist es auch möglich, dass die Altstadt 1785 belebter war als heute und dass an einem Frühlingstag gar nicht so wenig passierte.

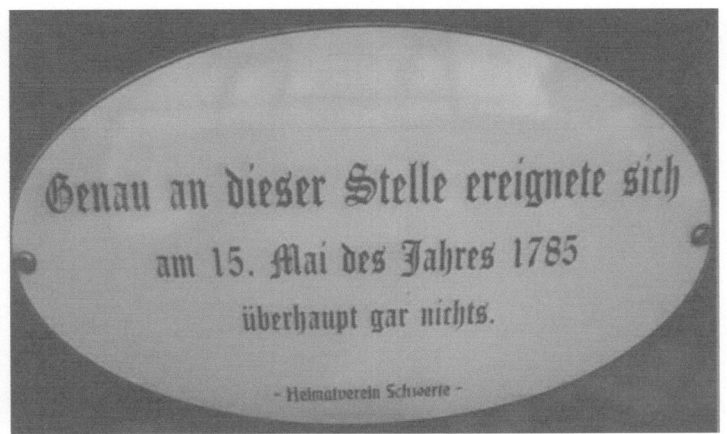

Wuppertal, Bahnhof Loh

Im Jahre 1991 wurde in Wuppertal eine innenstadtnahe und parallel zur Hauptstrecke verlaufende Bahnlinie stillgelegt. Ab 2005 gab es Bemühungen der Wuppertaler Bürger, auf dieser sogenannten Nordbahntrasse einen Fahrrad- und Fußweg einzurichten. Im Dezember 2014 konnte die Trasse schließlich eingeweiht werden. Die Bahnhöfe entlang der Strecke wurden teilweise durch kulturelle und gastronomische Nutzung belebt. Im Januar 2009 zog ein Erwerbslosen- und Sozialhilfeverein in den Bahnhof Loh. In den folgenden Jahren wurde das Bahnhofsgebäude saniert. Durch Berichte über Schwerte inspiriert, hatte Harald Thomé, Referent für Arbeitslosen und Sozialhilferecht, im Jahre 2015 die Idee, ein ähnliches Metallschild in Polen fertigen zu lassen und mit zwei Schrauben am Bahnhof Loh, wo er wohnt, zu befestigen, was 2016 geschah.
Im Jahre 1792 gab es den Bahnhof Loh ja noch nicht, die Eisenbahn wurde erst später erfunden und gut möglich, dass sich hier damals **überhaupt gar nichts ereignete.**

4. Kunstwerke

Kuriose Kunstwerke gibt es viele. Hier sind solche aufgeführt, die an Informations- und Gedenktafeln erinnern und im urbanen Kontext zu finden sind.

Münster, Michaelisplatz, Blick auf Rathaus und Tafel

Kamel-Gedenkplatte, Grünfläche vor der Kunsthalle

Angeblich vergrub der Schweizer Künstler Not Vital (*1948) **ein drei Monate altes Kamel** auf dem Rasen vor der Kunsthalle Bielefeld. Das Kamel wurde angeblich von Tuareg in Afrika geschlachtet. Die ganze Aktion fand wohl eher in der Fantasie des Künstlers statt. Heute findet sie im Kopf der Besucher statt.

Köln, Domplatz

Der in Paris lebende bosnische Künstler Braco Dimitrijevic (*1948, Sarajewo), beschäftigt sich vor allem mit der Geschichte und der Rolle des Menschen darin. Im Jahre 1980 installierte er vor der Westseite des Kölner Doms eine Bodenplatte mit der Aufschrift: **'This could be a place of historical importance'**. Platten mit diesem Text hat Dimitrijevic bereits in verschiedenen Städten installiert und fotografiert, das erste Mal 1971 im Londoner Stadtbezirk Soho.

Münster, Michaelisplatz, Blick auf Rathaus

Am Michaelisplatz in Münster hängt ein weißes 20x30 cm großes Blechschild mit der Aufschrift: **'27. März 2024 16:00'**.
Es handelt sich dabei um eine Kunstaktion des Konzeptkünstlers Mark Formanek (*1967, Pinneberg). Im Jahre 2000 begann diese Aktion, als die Stadt Münster die Rechte daran kaufte. Alle vier Jahre kommt seither der Künstler, an dem auf dem Schild angegebenen Datum, und tauscht dieses gegen ein neues Schild aus. Dieses trägt dann ein vier Jahre in der Zukunft liegendes Datum. Das letzte Mal geschah dies am 2. April 2020.

5. Witzige Orte

Was absurde, kuriose und witzige Gedenktafeln betrifft, sind es oft eher wirtschaftlich schwache, chaotische oder unscheinbare Städte, die besser abschneiden als erwartet.

Bremen mit seiner lässigen Art ist in dieser Hinsicht zum Beispiel witziger als Hamburg, Köln humoristischer als Düsseldorf und Dresden skurriler als Leipzig. Überraschend viele skurril-witzige Tafeln hat Bielefeld zu bieten. Eine Stadt, welche es ja eigentlich gar nicht gibt. Jena gehört auch in die Liste, denn hier wurde die für Studentenstädte typische Gedenktafelorientierung begründet. Bei der Aufzählung kleinerer Humorstädte darf Calau nicht fehlen, in Süddeutschland sticht Günzburg ein bisschen heraus.

Loriot-Gedenksäule in Stuttgart

5.1 Berlin

Der aus Stuttgart stammende Hegel meinte einst:
'Ein Berliner Witz ist mehr wert als eine schöne Gegend'.
Bemerkenswert ist, dass es dazu auf dem Gendarmenmarkt eine
Bodentafel gibt.

Die Berliner Schnauze ist allgemein für Schlagfertigkeit und
Wortwitz bekannt. Zu Mauerzeiten gab es zudem den speziellen
DDR-Humor, oft eine Mischung aus Ironie und Sarkasmus,
darüber hinaus gekennzeichnet durch ganz spezielle Wort-
schöpfungen. Berlin ist zudem die Hauptstadt von kuriosen
Gebäudebeinamen, wie: 'Schwangere Auster' oder 'Hohler Zahn',
und gilt auch als deutsche Wortspielhölle, wie man an
Müllfahrzeugen, Bussen und Plakatwänden erkennen kann. Was
Gedenktafeln betrifft, zeigt sich der Berliner Witz meist indirekt.
Zum Beispiel durch eine Tafel für die Erfinderin der Currywurst
oder indem erwähnt wird, dass auch Billy Wilder in einem
bestimmten Haus wohnte. Bei der Gedenktafel zum Checkpoint
Qualitz auf der Blankenfelder Chaussee in Lübars im Norden der

Stadt schlägt der Berliner Wortwitz wieder zu, in dem in der Peripherie Bezug auf den zentralen Checkpoint Charlie genommen wird.

Wie für Köln und das Rheinland, gibt es auch für Berlin mittlerweile ein 'Grundgesetz', formuliert im örtlichen Dialekt.

Berliner Grundgesetz

1. Nu aber ran an die Buletten
2. Kenn ick, weeß ick, war ich schon
3. Mir kann keener, ooch nicht eener
4. Besser jut jelebt, und det noch recht lange
5. Wer anjibt hat mehr von´t Leben
6. Jeld alleene macht nich jlücklich - man muss es ooch haben
7. Bescheidenheit ist eene Zier, doch weita kommste ohne ihr
8. Et muss so lange jut jehn bisset bessa wird
9. Wat de nich im Kopp hast, musste in de Beene ham
10. Nachtijall, ick hör dir trapsen
11. Et kann ruhig reichlich sinn, dafür aba wat jutet
12. Nüscht jenauet weeß man nich

Ferruccio Busoni, Billy Wilder, Victoria-Luise-Platz 11

Ferruccio Busoni, heute fast vergessen, war zu seiner Zeit der größte Pianist Europas. Seit 1894 lebte er in Berlin. Während des Ersten Weltkrieges musste er als italienischer Staatsbürger die Stadt verlassen, kehrte aber 1919 zurück. Seine letzte Wohnung hatte er am Victoria-Luise-Platz in Schöneberg, wo er 1924 starb. Drei Jahre später zog **auch** Billy Wilder in dasselbe Gebäude, wo er im dritten Stock zur Untermiete wohnte und ein Jahr blieb.

Zu Busonis 100. Geburtstag wurde an einem Nachkriegsbau, der anstelle des kriegszerstörten Wohnhauses entstanden war, eine Gedenktafel für ihn angebracht. Als Billy Wilder den Platz besuchte, freute er sich über die Gedenktafel, da er dachte, sie würde ihm gelten. Im Jahre 1993 ließ sein Freund Willy Egger schließlich **auch** für ihn eine Gedenktafel anbringen. Wilder, der die Filmfestspiele von Berlin besuchte, war selbst zugegen. Im Jahre 2005 wurde noch das Todesdatum hinzugefügt. Witzigerweise beginnt die Tafel mit: **'Hier wohnte AUCH'**.

Herta Heuwer, Kantstr. 101 (Seite K.-Friedrichstr.)

Berlin zeigt dadurch indirekten Witz, dass sogar die Erfinderin der populären Currywurst eine Gedenktafel bekam. Diese bezieht sich eigentlich auf den Standort des Imbiss-Standes von Heuer.
Allerdings reklamiert auch Hamburg die Currywursterfindung für sich. Der Hamburger Schriftsteller Uwe Timm (*1940), meint sich zu erinnern, bereits 1947 in Hamburg eine Currywurst gegessen zu haben. Der Hamburger Currywurst hat der Autor mit dem Buch `**Die Entdeckung der Currywurst´** durch eine gewisse Lena Brückner 1993 ein Denkmal gesetzt. Im Jahre 2008 wurde das Buch verfilmt.

5.2 Bremen

Bremen ist, Kenner wissen es, eine der deutschen Humorhauptstädte. Wenn man klein und mittlerweile auch wirtschaftsschwach ist, muss man wohl wenigstens Humor haben. Das gilt ebenso für Radio Bremen, den kleinsten deutschen Sender. Dass Bremen Witz hat, zeigte sich bereits im Jahre 1946. Die damals gegründete Wochenzeitung 'DIE ZEIT' nutzte im Logo seit Februar 1946 das Tor des Hamburger Wappens. Im Mai desselben Jahres öffnete man das Tor im Logo. Doch das gefiel dem Hamburger Senat nicht und so verbot er der Zeitung die Nutzung des Stadtwappens. Ein 'ZEIT'-Redakteur fuhr daraufhin nach Bremen und bat den Bürgermeister um das Recht, das Stadtwappen nutzen zu dürfen. Der Bremer Senat genehmigte das. Und so prangt bis heute auf der Titelseite eines Hamburger Magazins ein bremisches Symbol.

Ein zweites Beispiel für Bremer Witz ist eine Kunstguerilla-Aktion. Im Juni 2020 tauchte in den Bremer Wallanlagen über Nacht die von einem unbekannten Künstler anonym platzierte

Bronzefigur eines Mannes mit Einkaufswagen auf. Auch aufgrund der Qualität der Arbeit bekam die Skulptur schließlich einen offiziellen Standplatz in den Wallanlagen.

Bremen gehört zu Norddeutschland und für die Region gibt es, in Anlehnung an Köln, mittlerweile ein Norddeutsches Grundgesetz.

Norddeutsches Grundgesetz

1. Nordlicht bleibt Nordlicht
2. Watt mutt, datt mutt
3. Von nix kommt nix
4. Da kannssu nix an machen
5. Na denn man tau
6. Tüdelkram is Tüdelkram
7. Der Wind kommt immer von vorn
8. Nu abba Budder bei die Fische
9. Sabbel morgen mehr
10. Nicht lang schnacken - Kopp in Nacken

Bremer Loch, Rathausplatz

Am Platz vor dem Rathaus findet sich ein Kanaldeckel mit Spendenschlitz: **das Bremer Loch**. Auf Platt heißt es hier:
'Kräh nicht, jaul nicht, knurr nicht, sag IAA'.
Wirft man ein Geldstück hinein, meldet sich einer der vier Bremer Stadtmusikanten mit einem entsprechenden Dankesgeräusch. Auf witzigere Weise wird in kaum einer anderen Stadt Geld gesammelt.

Böttcherpassage, Informationsschild Graukopf

Am Paula Modersohn-Becker-Haus in der Böttcherpassage befindet sich eine Gedenktafel, die besagt, dass am 15. Juli 1991 im Keller des Hauses bei Sanierungsarbeiten die Beinknochen des **Esels Graukopf**, der zu den Bremer Stadtmusikanten gehörte, gefunden wurden. Ein ebenfalls freigelegtes Dokument mit den Symbolen der vier Tiere soll beweisen, dass sich die Bremer Stadtmusikanten einst wirklich in die Hansestadt aufmachten. Der feine Bremer Humor eben.

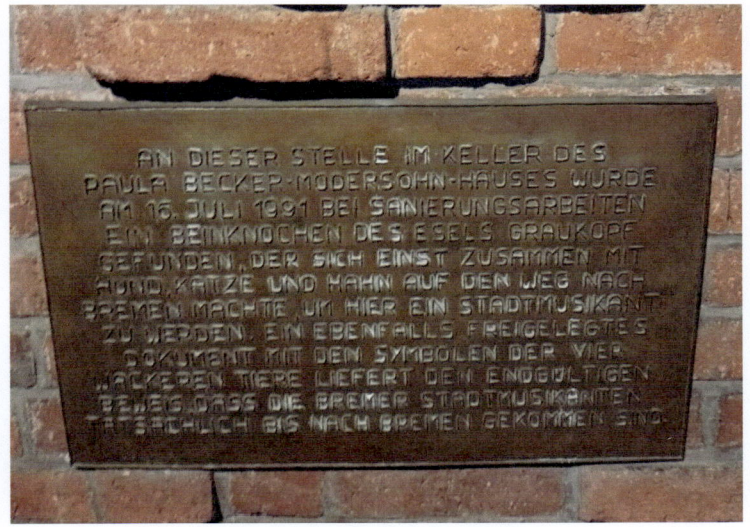

Böttcherpassage, Schild Gluckhenne

Eine wichtige Sage Bremens, die mit der Gründung der Stadt zusammenhängt, ist die über die **Gluckhenne**. In der Böttcherpassage informiert ein Schild über diese Gründungssage.
Freiheitsliebende Fischer auf der Suche nach einem Rast- und Heimatplatz sahen am Saume der Weser auf einer Düne eine **Gluckhenne**. Als gutes Vorzeichen ließen sich die Fischer an dem scheinbar geschützten Ort nieder und nannten ihn Brimun/Bremun, daraus wurde später Bremen.

5.3 Bielefeld

In NRW gibt es folgenden Witz zum Charakter der Westfalen: Trifft ein Rheinländer einen Westfalen mit einem Papagei auf der Schulter. Fragt der Rheinländer: **'Kann er auch sprechen?'** Der Papagei: **'Keine Ahnung'.** Was ist der Unterschied zwischen einem Rheinländer und einem Westfalen? Der Westfale sagt am Morgen: **'Was können wir heute schaffen?'** Der Rheinländer: **'Wo gehen wir heute Abend aus?'**
Innerhalb von Westfalen wiederum gelten die Ostwestfalen als besonders steif und stur. Kein Wunder, galt Bielefeld lange als Kapitale der Spießigkeit und das in einem nüchternen Nachkriegsarchitekturkleid. Die Wahrnehmung Bielefelds hat sich jedoch seit 1994 durch die Theorie, dass es Bielefeld eigentlich gar nicht gäbe, etwas verändert. Sogar die Stadt nahm dies im Marketing auf, mit dem Slogan: **'Bielefeld, das gibt's doch gar nicht'.** Aber es gibt weitere Skurrilitäten in der Stadt, wie einen **Steuerzahlerstein.** Einen **Bielefels** gibt es auch, am Naturkundemuseum. Bielefeld zeigt überraschende Originalität und Bürgerwitz, aus nichts noch etwas zu machen. Bielefeld ist so die heimliche westfälische Hauptstadt des leisen Humors.

Bielefels, am Naturkundemuseum

Bielefeld-Verschwörung-Gedenkstein, Altstädter Kirchplatz

25 Jahre nach der Entstehung der Geschichte der **Bielefeld-Verschwörung** lobte die Stadt Bielefeld einen Preis für den Nachweis aus, dass die Stadt gar nicht existiert. Da keiner den Nachweis erbringen konnte, wurde die **Bielefeld-Verschwörung** 25 Jahre nach ihrem Entstehen 2019 zu Grabe getragen. Ein entsprechender Grabstein wurde in der Grünfläche am Altstädter Kirchplatz in der Innenstadt platziert.

Fliegen-Retten-Gedenktafel, Deppendorfer Str.

Im Jahre 2012 beauftragte die Bielefelder Insektenbekämpfungs-Firma Dr. Hans-Dietrich Reckhaus die Schweizer Künstler Frank & Patrick Ricklin mit einer Marketingaktion. Die brachten ihn jedoch in Umdenke-Nöte nach dem Motto: **'Retten statt töten'.** Mit der Aktion (siehe www.fliegenretten.de) wurde ein neuer Ansatz gestartet, Insekten nicht nur zu bekämpfen, sondern auch zu schützen. Zum Beispiel durch die Schaffung von insekten-freundlichen Ausgleichsflächen. Die Kunstaktion 'Fliegen retten' in Deppendorf entstand so. Einer Fliege wurde sogar ein Well-ness-Urlaub gestiftet. Die geretteten 902 Fliegen wurden später unter einer Gedenktafel zur Kunstaktion begraben, welche noch heute im Stadtteil Deppendorf steht.

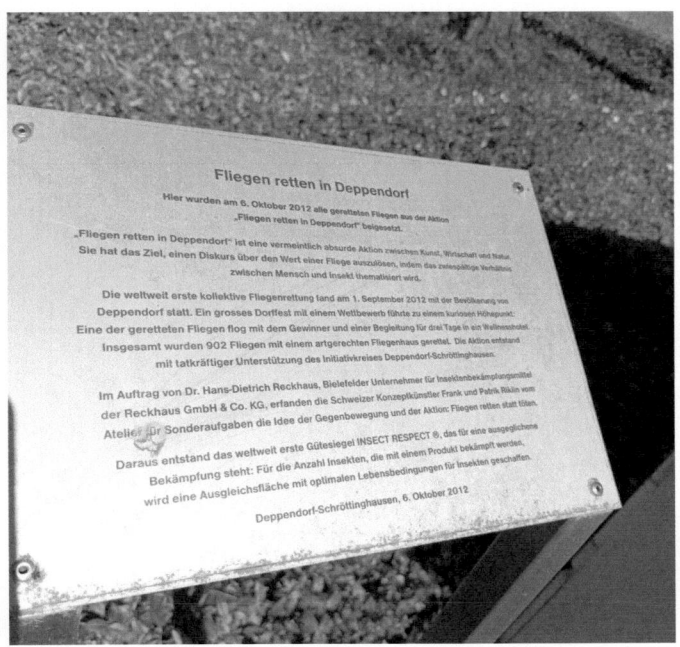

Steuerzahler-Stein in Bielefeld, Am Wellbach in Baumheide

Der Stein der Steuerzahler ist mit einem Gewicht von 70 Tonnen der größte Findling Bielefelds. 1980 entdeckt, wollte die Stadt nicht für seine Aufstellung im Stadtteil bezahlen. Ein teurer Transport zum Naturkundemuseum in der Innenstadt wäre jedoch mit Steuergeldern finanziert worden. Und so stellten ihn Gerhard Brinkmann und andere Bürger des Stadtteils auf eigene Kosten auf, nannten ihn: **'Stein der Steuerzahler'** und brachten eine entsprechende Gedenktafel an, mit seiner Historie und anderen Daten des Steins.

5.4 Calau

De brandenburgische Kleinstadt Calau hat den **Kalauern** den Namen gegeben. Im 19. Jahrhundert trugen Schuster der Schuhstadt die Wortwitze aus Calau bis nach Berlin. Das Satiremagazin Kladderadatsch druckte sie und machte so die **Kalauer** bekannt. Heute gibt es in Calau eine Witzerundweg, wo man 28 Kalauer finden kann. Am Rathaus ist zudem ein blauer Witzpost-Briefkasten angebracht, in den man Witze einwerfen kann, welche dann im Amtsblatt veröffentlicht werden. Als ich im März 2022 in der Stadt war habe ich spontan auch einen Witz aufgeschrieben und eingeworfen.

Tafel am Marktplatz

Wo gibt es den größten Marktplatz der Welt? Natürlich in Calau, **denn er reicht vom Keller bis zur Sonne.**
Mit dem Keller ist der Rathauskeller gemeint und mit der Sonne ein Gasthaus am Marktplatz.

Tafel am Rathaus

Was bedeuten die 4 Buchstaben **OSWN** unter der Wetterfahne auf dem alten Calauer Rathausturm?
'**O**chse **S**iehste **W**erche **N**icht?'
Werche ist ein Ortsteil von Calau. In Wirklichkeit bezeichnen die Buchstaben natürlich die Himmelsrichtungen.

Tafel an der Postsäule

Der **Calauer Bahnhof** ist ziemlich weit vom Stadtzentrum entfernt. Man hat hier wohl beim Eisenbahnbau eine geradlinige Trasse gesucht, um größere Orte zu verbinden und eine Stichstrecke in die Innenstadt Calaus lohnte sich offenbar nicht.

5.5 Dresden

Sachsen hat eine Witztradition, wobei der Dialekt dabei hilft, auch in geschriebener Form. Dresden ist, viel mehr als die Handelsstadt Leipzig, auch die sächsische Witzehauptstadt. Traditionell war der Raum Dresden sogar ein Erfinder-Hotspot Deutschlands.

Dresden ist eine von vier deutschen Städten mit einer: **'Hier passierte nichts'**-Tafel. Aber es gibt noch weitere eigentümliche und kuriose Tafeln. So einen leeren Bilderrahmen am Elbufer, der einen Canaletto-Blick ermöglicht. Eine Fake-Informationstafel zu einer angeblichen Schlacht am Alaunplatz in der Neustadt und eine Tafel an einer so genannten politischen Buche.

Nach dem Kölner Vorbild gibt es auch für Sachsen, und damit Dresden, ein im Dialekt formuliertes 'Grundgesetz'.

Sächsisches Grundgesetz:

1. **Immor midd dorr Ruhe**
2. **Ersma nän Gaffee**
3. **Gemiedlich machn**
4. **Nich ärgorrn, nur wundorrn**
5. **Geene Hegdigg**
6. **Niggorchn machn**
7. **Noch nän Gaffee**
8. **Loggorr bleim**
9. **Irschndwie durschwurschdln**

Canaletto-Blick, Neustadt, nördliches Elbufer

Der italienische Maler Bernardo Bellotto (1722-1780) ist, wie sein noch bedeutenderer Maleronkel Giovanni Antonio Canal, unter dem Namen **Canaletto** bekannt. Sein 1748 in Dresden gemalter Blick auf die Stadt vom rechten Elbufer aus **(Canaletto-Blick)**, ist in der Sachsenmetropole eine wichtige historische Referenz des Stadtbildpanoramas. Trotz schwerer Kriegszerstörungen sieht es nach dem Wiederaufbau der Frauenkirche fast wieder so aus wie bei Canaletto, wenn man durch einen Bilderrahmen blickt, der am rechten Elbufer (Neustadt) aufgestellt ist. Auf einer Informationstafel ist mehr über die historische Stadtansicht zu erfahren.

Dresden, Alaunstraße 104

Auf einer inoffiziellen Gedenktafel an einem Hauseingang, in der Alaunstraße der Dresdner Neustadt, der auch ein Wandbild von Napoleon in einer Schlacht zeigt, ist Folgendes über eine vermeintliche **Schlacht am Alaunplatz** zu lesen:

'In der Nacht vom 27. auf den 28.8 1813 attackierten besoffene Burschenschaftler mit Maßkrügen fröhlich feiernde Franzosen, die nur mit Austernschalen bewaffnet waren, im Stadtgebiet am Alaunplatz.

Napoleon sauer - schickt sein ganzes privates Amazonenheer aus seinem Lager in Klotzsche die Königsbrücker Straße hinunter in die Neustadt, die greifen dort die Burschenschaftler an und zwar so: Die Amazonen haben als Uniform-Oberteil einen Pullover mit großem V-Ausschnitt. Da glotzten die Burschenschaftler hin und - zack- Kopf ab oder 1 auf die Rübe.'

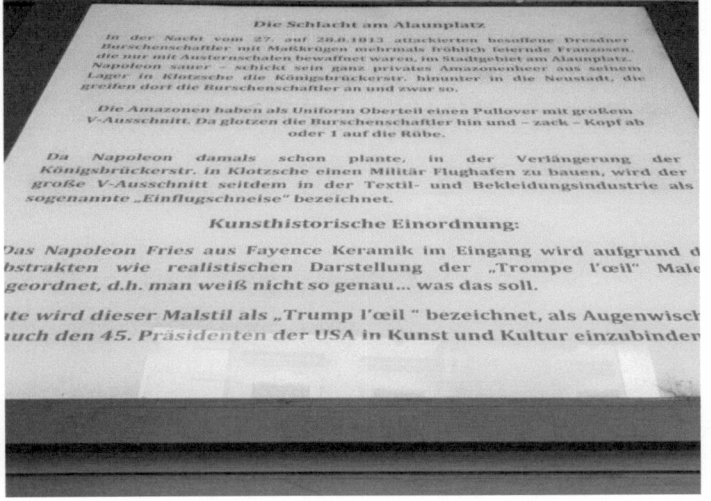

5.6 Jena

Jena gilt als Pionier der Gedenktafeltradition in deutschen Unistädten. Als man im Jahre 1858 die 300-Jahr-Feier der Jenaer Universität vorbereitete, schlug der Jenaer Physikprofessor Hermann Schaeffer (1824-1900) vor, Erinnerungstafeln für wichtige Persönlichkeiten der Uni an ihren jeweiligen Wohnhäusern anzubringen. Damals wurden bereits 200 Tafeln angebracht. Heute haben die meisten Jenaer Tafeln ein Format von 40 x 30 cm, sind aus Emaille gefertigt und zeigen eine schwarze Schrift auf weißem Grund.

Sechs Gedenktafeln finden sich an einem einzigen Haus am unteren Markt. Die Tafel unter dem offenen Fenster ist für Hans Christian Andersen (1846 Aufenthalt in Jena).

Hotel Schwarzer Bär, Lutherplatz 2

Nähert man sich dem seit dem 15. Jahrhundert bestehenden Hotel Schwarzer Bär, fallen an der Fassade gleich **7 dunkle Metallgedenktafeln** auf, alle in eigener, einheitlicher Gestaltung. Luther hielt sich 1522, vor genau 500 Jahren, im Hotel auf, aber auch Goethe übernachtete hier. Während eine Tafel zeigt, dass Friedrich der Großmütige hier wohnte, informiert die Tafel darunter, dass hier am 6.11.1951 die Kegelgruppe Jena für Blinde und Sehbehinderte gegründet wurde. Ein fast skurriles Nebeneinander von Tafeln also.

Goethe-Schiller-Blätter, Pflaster Südende Markt

Am Unterm Markt 1 weist eine Gedenktafel darauf hin, dass hier bis zu seiner Kriegszerstörung im Jahre 1945 das Kirstensche Haus stand. In diesem Haus wohnte Friedrich Schiller, als er am 20. Juli 1794 im Anschluss an eine Sitzung der Naturforschenden Gesellschaft mit Goethe ins Gespräch kam. Die beiden gingen vom heute nicht mehr existierenden Bachsteinschen Haus der Gesellschaft in der Rathausgasse 1 zu Schillers Wohnhaus und unterhielten sich über die Metamorphose der Blätter. Damit begann laut Tafel der Freundschaftsbund der beiden Dichter. Der Weg, den die beiden damals gingen, wird heute durch **60 handtellergroße Messingtafeln im Pflaster** gezeigt, welche verschiedene Blattarten repräsentieren. Die entstandene Freundschaft löste außerdem einen intensiven Briefwechsel aus. Der Inhalt des Briefwechsels lässt sich auf einer 31 m langen LED-Laufschrift, an der Stelle, wo einst Schiller wohnte, ablesen.

5.7 Jodoigne

Jodoigne ist eine Kleinstadt in der Region Wallonisch Brabant, südlich von Brüssel. Bei einem Besuch im September 2021 entdeckte ich allerlei skurrile Hinweistafeln in der Stadt: Verkehrsschilder mit verfremdeten, poetischen Hinweisen. Dabei handelt es sich um eine von der Stadt geförderte Kunstaktion, **'La Sente Surprenante'** (der überraschende Weg), die ab Oktober 2016 für mindestens zwei Jahre laufen sollte und noch heute anzudauern scheint. Von den 28 Schildern sind unten zwei wiedergegeben.

Paradiesecke

Zone der sentimentalen Störungen

5.8 Köln

Köln gilt als rheinisch-frohsinnige Karnevalsstadt. Der örtliche Humor ist dabei meistens verknüpft mit dem rheinischen-kölschen Dialekt. Ein Beispiel dafür ist der angeblich lateinische Spruch: **'DATIS NEPIS POTUS COLONIA'** (Dat is ne Pispot us Colonia).

2001 veröffentlichte Konrad Beikirchner (*1945), aus Südtirol stammender gelernter Rheinländer, zum Beispiel eine Sammlung mundartlicher Redensarten als das 'Rheinische' bzw. 'Kölsche Grundgesetz'. Seither kann man die 11 Artikel als Souvenir auf Postkarten, Tassen etc. kaufen. Eine Gedenktafel dazu gibt es leider nicht, aber später entstanden ähnliche Grundgesetze für andere Regionen Deutschlands.

Das Kölsche Grundgesetz:

1. Et es, wie et es
2. Et kütt, wie et kütt
3. Et hätt noch immer joot jejange
4. Watt fott es, es fott
5. Et bliev nix, wie et wor
6. Kenne mer nit, bruche mer nit, fott domet
7. Wat wells de maache
8. Mach et jod, ävver nit zo off
9. Wat soll dä Kwatsch?
10. Drinks de ene med?
11. Do laachs de disch kapodd.

Zu den witzigen Kölner Gedenktafeln und Denkmälern gehört die Schmitz-Säule und die Tafel am Monte Troodelöh.

Schmitz-Säule, Alter Markt

Die Suche nach der 4.5 m hohen **Schmitz-Säule** in Köln ist
bereits mysteriös. Offiziell steht die Säule am Alten Markt 30. So
zeigt es auch Google Maps. Doch in Wirklichkeit versteckt sie
sich auf dem Platz vor Groß St. Martin. Wer sie initiiert und
spendiert hat und warum sie Schmitz-Säule heißt, wird auch nicht
klar. Eine Internet-Recherche weist auf den Kölner Architekten
Jupp Engels (1909-1991) hin. Eine Inschrift auf der Säule greift
aber geschichtlich in die Römerzeit zurück und geht davon aus,
dass sich auf der Martins-Insel, welche sich hier einst befand,
römische Legionäre mit blonden Ubiermädchen trafen, Urahnen
der Familie Schmitz.

Schmitz-Säule (andere Seite)

Die andere Seite der Säule spinnt einen Zusammenhang zwischen ihrer Errichtung im Jahre 1969 und der **Mondlandung**, denn im gleichen Jahr betrat Neil Armstrong als erster Mensch den Mond. Neil Armstrong und die NASA nahmen angeblich von der Säule dankbar Kenntnis. Von der Schmitz-Säule sind es 389 994 km und 100 m bis zum Mond.

Monte Troodelöh, Stadtteil Rath, Königsforst

Am 12. November 1999 wanderten mehrere Mitarbeiter der Stadtverwaltung Köln im Königsforst und setzten an der höchsten Stelle, gleichzeitig höchste Erhebung der Stadt Köln, ein provisorisches Gipfelkreuz. Das Gelände steigt zwar noch weiter an, aber die höher gelegenen Gebiete gehören bereits zur Stadt Bergisch Gladbach. Nach einer Vermessung im Jahre 2000, wurde eine Höhe von 118,04 m festgestellt. Später wurde das Kreuz durch einen Findling mit einer Tafel ersetzt. Nach den Nachnamen der drei Entdecker (Troost, Dedden, Löhmer) erhielt der Berg den Namen Troodelöh. Dies ignorierte jedoch den vierten Entdecker Rainer Buttkereit (1952-2019). Nach seinem Tod im Februar 2019 wurde eine weitere, kleine Gedenktafel angebracht: **'In Erinnerung an den Entdecker des Monte Troodelöh Rainer Buttkereit 'Sherpa Longway' ✞ 2019'**.

Dirk-Bach-Grab, Friedhof Melaten

Größter Friedhof Kölns, mit Gräbern der führenden Familien der Stadt, sowie zahlreicher Prominenter, ist Melaten. Hier ist auch der 1961 geborene und im Jahre 2012 gestorbene TV-Komödiant Dirk Bach begraben. Das Ungewöhnliche an seinem Grab ist die rosafarbene Bank, auf welcher zu lesen ist: **'Audienz beim Mäusekönig'**. Köln ist die westdeutsche Schwulenhauptstadt und macht diesem Status mit diesem Grab alle Ehre.

5.9 Frankfurt am Main

Die als seriös und rau geltende Finanzmetropole Frankfurt gehört interessanterweise zu den deutschen Humormetropolen. Das ist unter anderem der **Neuen Frankfurter Schule** (NFS), einer Gruppe von Schriftstellern und Zeichnern und ihrem Publikationsorgan **Titanic** zu verdanken. Auch die Stadt hat dabei mitgemacht. Im Grüngürtel der Stadt sind eine ganze Reihe komischer Objekte verwirklicht, ausgedacht u.a. vom Frankfurter (NFS-) Karikaturisten **F.K. Waechter**, darunter ein Grüngürteltier und ein **Pinkelbaum** und vom NFS-Künstler **Hans Traxler** das **Ich-Denkmal**. Auch unabhängig von den NFS-Künstlern entstehen witzige Beiträge, wie ein Denkmal für die in Frankfurt gern gegessene **Grüne Soße** und das **Fraa Rauscher**-Denkmal in Sachsenhausen. Dies alles beweist, dass man hier schon immer Humor hatte.

Das hessische Grundgesetz:

1. Bevor isch misch uffresch, isses mir lieber egal
2. Des Stöffsche muss ins Gerippte
3. Mer dringge ja net zehm schbass
4. Wenn mer gebbe, gebbe mer gern unn reischlisch, abber mer gebbe nix
5. Mer strunse net, mer han
6. Es gibt nix schlechtes, ausser mer mecht es
7. Wann´s Griesbrei rechnet, muss mer en Löffel habbe zum scheppe
8. Mer waases net – Mer mungelt nur
9. Mer nimmt, was mer kriesche kann
10. Haubsach es basso dorsch de halls unn Macho schwinnelisch
11. Wenn der Käs gesse is, isser gesse

Pinkelbaum, Grüngürtel

*`Seit 300 Jahren pisst man mich an, ab heute piss ich zurück´* steht, vom Neue Frankfurter Schule Karikaturist **F. K. Waechter** signiert, am **Pinkelbaum** im Grüngürtel im Süden Frankfurts. Der Pinkelbaum gehört zu den Entwürfen `komische Baumkunst´, die der Karikaturist F. K. Waechter (1937-2005) der Stadt vor seinem Tod schenkte und welche danach teilweise umgesetzt wurden. Als ich den Pinkelbaum im Sommer 2022 besuche, war der Mechanismus jedoch defekt und eine **Pinkelpause** wurde durch einen Zettel am Baum angezeigt.

Standort: Oberschweinsteigschneise 65

Ich-Denkmal, Mainufer Oberrad

Hans Traxler (*1929), der der **Neuen Frankfurter Schule** zuzurechnen ist, hat ein **Ich-Denkmal** entworfen, welches vom Steinmetz Reiner Uhl ausgeführt wurde und seit März 2005 in Frankfurt-Oberrad in einem Park am Mainufer steht. 2007 wurde ein zweites Exemplar in **Kassel** und 2019 eines in **Bielefeld** errichtet. Im Juni 2022 besuchte ich das Denkmal und stellte meine Schuhe drauf.

Denkmal Grüne Soße, Oberrad (Speckgasse)

Seit Mai 2007 steht im Frankfurter Stadtteil **Oberrad** das erste deutsche Denkmal, welches einem **Regionalgericht** gewidmet ist. Entworfen hat das **Grüne Soße-Denkmal** Olga Schulz, eine Studentin der **Hochschule für Gestaltung Offenbach**. Es reiht sich in die kuriosen Frankfurter Grüngürtel-Denkmäler ein (Ich-Denkmal etc.) und besteht aus sieben gewächshausartigen Gebäuden mit transparenten Polycarbonatflächen in unterschiedlichen Grüntönen, welche die Farbtöne der sieben wichtigsten Kräuter der **Grünen Soße** nachempfinden. Auf dem Boden der Gewächshäuser steht der Name jeweils eines dieser Kräuter (Borretsch, Kerbel, Kresse, Petersilie, Pimpinelle, Sauerampfer, Schnittlauch).

6. Offizielle und inoffizielle Verkehrs- und Ortsschilder

Skurrile Ortsnamen und entsprechende offizielle Ortsschilder gibt es viele in Deutschland. Von diesen Tafeln werden unten und auf der Seite zum Fernwehpark Oberkotzau etliche gezeigt. Zu solchen Schildern finden sich im Internet viele Zusammenstellungen. Beachtenswert sind jedoch auch weniger spektakuläre Schilder, welche keinen offiziellen Charakter haben. Interessant ist die Tatsache, dass die Stadt Wertheim sich auf offiziellen Ortsschildern nicht 'Stadt der Weltmarktführer' nennen darf. Amtlich akzeptiert scheint jedoch, dass der kleine Ort Venhaus sich auf den Ortsschildern Königreich nennt.

Fernwehpark in Oberkotzau bei Hof

Weltmarktführer-Schild, Wertheim, Packhofstraße

Wertheim, am Main ganz im Norden Baden-Württembergs gelegen, hat nur 23.000 Einwohner. Doch gibt es in Wertheim neun Weltmarktführer plus zwei weitere, deren Konzernzentralen woanders angesiedelt sind. Rechnet man die dazu, liegt in Baden-Württemberg nur Stuttgart vor Wertheim, was die Zahl der Firmen mit Weltmarktführerstatus betrifft. Pro Kopf liegt jedoch Wertheim klar an der Spitze und strebte deshalb an, den Titel 'Stadt der Weltmarktführer' offiziell führen zu dürfen. Obwohl das Tragen von solchen Zusatztiteln durch die neue Gemeindeordnung von 2020 erleichtert wurde, genehmigte das Land der Stadt den Titel nicht und die Ortsschilder konnten nicht, wie bereits geplant, entsprechend beschriftet werden.

Wie zum Trotz befestigte die Stadt jedoch an den Informationstafeln am Ortseingang ein Schild, welches wie ein Ortsschild gestaltet ist und auf welchem lesen kann: **'Stadt der Weltmarktführer'**.

Königreich Venhaus, Venhaus Dorfstraße/Rheiner Straße

Venhaus, 500 Einwohner, ist ein Ortsteil der südwestnieder-sächsischen Gemeinde Spelle. In Venhaus gab es einst eine Burg. Vielleicht hängt es damit zusammen, dass der Ort irgendwann von den Bewohnern scherzhaft **'Königreich'** genannt wurde. Das ist nun schon seit mehreren Generationen so und diese liebevolle Bezeichnung hat im Ort fast offiziellen Charakter, denn sogar auf den Ortsschildern wird das **Königreich** erwähnt.

Dinxperwick, Dinxperlo/Suderwick Ortseingangsschilder

Das niederländische Dorf Dinxperlo (Teil der Gemeinde Aalten) und das deutsche Dorf Suderwick (zur münsterländischen Stadt Bocholt gehörend) grenzen unmittelbar aneinander. Am Hellweg verläuft die Grenze sogar an der Bordsteinkante. Seit 2017 wurden an den Ortseingängen für den eigentlich nicht existierenden gemeinsamen Ort **Dinxperwick** (https://dinxperwick.info) zwei Schilder aufgestellt, halb niederländisch (blau), halb deutsch (gelb) gestaltet Auf Anregung der örtlichen Künstlerin Verena Winter erhielten sie einen zweisprachigen Untertitel. Als beliebtes Objekt für Ortsschildsammler verschwand das erste Schild in Suderwick bereits im April 2018, wurde seither aber wieder ersetzt.

Fernwehpark, Oberkotzau, Fabrikstraße 11

Der **Fernwehpark Oberkotzau** zeigt eine Sammlung von Ortsschildern aus aller Welt. Vorbild war der Sign Post Forest in Kanada mit seinen 80.000 Schildern, zusammengetragen von Touristen aus aller Welt. Der aus Hof stammende Dokumentarfilmer Klaus Beer (*1951) griff die Idee für einen ähnlichen Park auf, welcher 1999 mit 4000 Schildern in Hof eröffnet wurde. 2018 wurde die Sammlung schließlich ins benachbarte Oberkotzau verlagert. Während die Überseetafeln eher bekannte Orte repräsentieren, zeigen die leichter verfügbaren deutschen Ortstafeln der Sammlung vor allem skurrile Ortsnamen.

7. Sprachspiele

Am Bahnhofsplatz von Hannover steht ein 1861 eingeweihtes Reiterstandbild von König Ernst August mit der Sockelinschrift: **'Dem Landesvater sein treues Volk'**. Dieser Text wird scherzhaft als `hannoverscher Genitiv´ gelesen (wessen Volk?), statt als Dativ (wem gewidmet?). Ein unbeabsichtigtes Spiel mit Worten und Grammatik. Davon inspiriert ist ein ähnliches Denkmal am Bahnhofsplatz in Göttingen. Und in Soltau, ebenfalls in Niedersachsen, wird in der Bahnhofsunterführung mit der Buchstabenreihenfolge gespielt. In Kiel spielt man an einer Straße am Bahnhof mit der Anordnung der Buchstaben.

Göttinger Sieben, Göttingen, Bahnhofsplatz

Im November 2015 wurde auf dem Bahnhofsplatz von Göttingen ein Denkmal enthüllt, welches gestalterisch das Denkmal am Hauptbahnhof Hannover zum Vorbild hatte. Doch statt einer Reiterstatue steht auf dem Sockel - nichts. Das umstrittene, von der Berliner Künstlerin Christiane Möbus (*1947) gestaltete, Denkmal ist den **Göttinger Sieben** gewidmet. Das waren sieben Göttinger Professoren, die 1837 gegen die Aufhebung der 1833 eingeführten liberalen Verfassung durch Ernst August I. (1771-1851) protestierten. An der Seite des Sockels sind die Namen der sieben Professoren aufgeführt und zusätzlich, was nicht jedem gefallen hat, der Name der ausführenden Künstlerin. Der Text auf der anderen Seite des Sockels könnte, wie in Hannover, als Genitiv gelesen werden, das letzte Wort sogar als Verb.

Duz-Platz, Westerstede, Alter Markplatz am Rathaus

Im Mai 2022 besuchte ich die niedersächsische Stadt Westerstede, Kreisstadt des Ammerlandes. Am Alten Marktplatz vor dem Rathaus frage ich zwei Rollator-Damen nach Besonderheiten der Stadt. Erst siezten sie mich, doch dann meinte eine der beiden, wir sind ja hier am Duz-Platz und begannen mich zu duzen. Bereits im Jahre 2003 wurde der Platz von der Stadt als Marketinggag als **Duz-Platz** ausgewiesen. Dies ging auf einen städtischen Ideenwettbewerb zurück, den der Finanzbeamte Mischa Braun mit dem Duz-Platz-Vorschlag gewann. Seither gibt es in der Rhododendronstadt, wo einst auch die Ostfriesenwitze erfunden wurden, um den Platzbrunnen herum, norddeutsch 'umzu', ein augenzwinkernd eingerichtetes Siez-Verbot.

Soltau, Bahnhofunterführung

Angeblich gab es eine Studie der Universität Cambridge, welche nachwies, dass es egal ist, in welcher Reihenfolge die Buchstaben in einem Wort stehen.

Hauptsache, der erste und der letzte Buchstabe stehen an der richtigen Stelle. Das menschliche Gehirn liest das Wort als Ganzes und nicht jeden Buchstaben einzeln. Die Ergebnisse sind plausibel, aber diese Studie gab es in Wirklichkeit nie. Seit etwa 2000 verbreitete sich diese Story erst im englischsprachigen Internet, bis sie um 2010 auch nach Deutschland schwappte.

In der Fußgängerunterführung des Bahnhofs von Soltau (Niedersachsen), ist ein Text über die angebliche Studie zu lesen, mit, passend dazu, **vertauschten Buchstaben.**

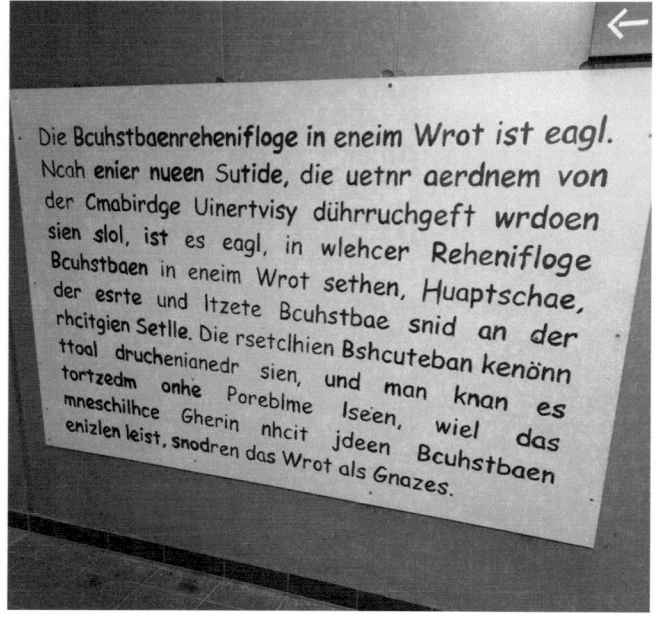

Kiel, Auguste Viktoria Str. 2

Fassadeninschrift: **'So güng dat in de Welt to 1923'**

Vor fast 100 Jahren (1923) war, nach den Erschütterungen durch den Ersten Weltkrieg, die Welt nicht mehr in Ordnung. Ein Sandsteinrelief gestaltet durch den bayerischen Steinmetz und Bildhauer Gerhard Josef Geigenthaler (1876-1952) in Kiel in Plattdeutsch drückte das auf seine Weise aus, mit teilweise verdrehten Buchstaben. Auch die Ziffern auf der kleinen Uhr des Reliefs sind in falscher Reihenfolge dargestellt. Inspiriert wurde er wahrscheinlich durch ein ähnliches Schild an der Rathaustreppe von Augsburg.

Lörzweiler, Lörzkalibur

In Lörzweiler am Rhein findet sich ein Stein, in welchem ein Schwert steckt. Kein Excalibur (Schwert des mythischen Königs Artus), sondern ein **'Lörzkalibur'**. Nach Informationen auf einer kleinen Tafel am Schwert wurde es gestiftet von gelangweilten Lörzweiler Mitbürgern im Coronajahr 2021.

8. Augenzwinkern und Seemannsgarn

In manchen Orten scheint es ein Amt für Seemannsgarn zu geben, nicht nur auf Sylt, wo das unten gezeigte Schild zu sehen ist. Mit Augenzwinkern ist wohl im Kurpark Oberlaa in Wien eine **Quelle der ewigen Jugend** festgelegt worden. In der nicht an den Schienenpersonenverkehr angebundenen niedersächsischen Kleinstadt Friesoythe wurde sogar ein **Hauptbahnhof** markiert. Manche Gaststätten montieren wiederum ein Schild zur Bekämpfung **akuter Unterhopfung.**

Schild in List auf **Sylt**

Schild in Köln

Davidsquelle, Kurpark Oberlaa

Aus der **Davidsquelle** im Kurpark Oberlaa fließt Leitungswasser und die `Quelle´ wurde erst nach dem Jahr 2000 angelegt. `Anno 1806´ ist damit frei erfunden, das Schild ein kleiner Scherz der Mitarbeiter des Kurparks. Glauben wir wenigstens, dass es eine **Quelle der ewigen Jugend** ist, denn hier spazieren alle, von jung bis alt.

Standort: Weg am Filmteich im Norden des Kurparks

Friesoythe Hbf

Die westniedersächsische Stadt Friesoythe hat heute keinen An-schluss an den Schienenpersonenverkehr mehr. Von der eingleisi-gen Bahnstrecke Cloppenburg-Ocholt, welche durch Friesoythe verlief, sind noch Abschnitte vorhanden, wobei die Strecke Friesoythe-Cloppenburg noch für den Güterverkehr genutzt wird. Zusätzlich gibt es unregelmäßigen Museumsbahnbetrieb. In Friesoythe gibt es einen fast zugewachsenen Bahnsteig und dort ist auf einem nicht so alten Schild in altertümlicher Schrift Friesoythe Hbf zu lesen. Einen Hauptbahnhof gab es in der Stadt jedoch nie.

Wetterstation in Wilhelmshaven

Scherzhafte Wetterstationen gibt es in verschiedenen Ausführungen. Selbstgebastelt, wie in Wilhelmshaven gesehen, oder fertig zu kaufen, wie die Altdeutsche Wetterstation. Dabei geht es um einen Stein, der das Wetter so anzeigt, wie man es sowieso selbst sehen würde. Keine Wetterprognose, sondern eine humorvolle, fast tautologische Sicht auf den Istzustand.

9. Rekorde

Rekorde gibt es viele. Hier sollen möglichst skurrile Rekorde und entsprechende Tafeln gezeigt werden. Den Anfang macht Ulm mit **dem schiefsten Hotel der Welt**, welches im von Bächen durchzogenen Fischer- und Gerberviertel in Donaunähe liegt, Ulms Klein-Venedig.

Schiefes Haus, Ulm, Fischerviertel, Schwörhausgasse 6

Das **'Schiefe Haus'** ist ein Fachwerkhaus aus dem 15. Jahrhundert im Fischer- und Gerberviertel Ulms. Die Hausseite am kleinen Fluss senkte sich im Laufe der Zeit immer weiter ab. Mittlerweile beträgt die Neigung bis zu 10 °. Seit 1995 wird das Haus als Hotel genutzt. Mit 11 bis zu 40 cm geneigten Zimmern, aber dennoch waagrechten Betten. 1997 wurde das Haus vom Guinness-Buch der Rekorde als **'schiefstes Hotel der Welt'** anerkannt, was auch an einer Informationstafel am Hotel zu lesen ist.

Göttingen, Charlotte Müller, Bahnhofsplatz

Charlotte Müller (1840-1935) verkaufte auf dem Bahnhofsplatz von Göttingen Obst. Meist an Studenten, und das so lange, dass sie in ihren letzten Jahren als älteste Straßenhändlerin der Welt galt. Studenten, die schon lange von Göttingen fortgezogen waren, fragten oft nach, ob **'die alte Frau Müller'** noch da wäre. Der amerikanischen Bildhauerin Katherina Hobson-Kraus saß Müller noch im Alter von 92 Jahren Modell. 1937, zwei Jahre nach Müllers Tod und zum 200. Geburtstag der Universität, wurde das Denkmal in Göttingen aufgestellt.

Reutlingen, Spreuerhofstraße

Die Spreuerhofstraße in Reutlingen gilt als **engste Straße der Welt**. An ihrer schmalsten Stelle ist sie nur 31 cm breit. Eigentlich ist die Straße nur eine 50 m lange Gasse und die engste Stelle nur 3,8 m lang. Aber was tut man nicht alles, um einen vom Guinness-Buch der Rekorde anerkannten Rekord in die Stadt zu holen. Im Jahre 2011 besuchte ich die Stadt und lief durch diese sehr enge Gasse.

10. Mittelpunkte und Linien

Seltsamerweise sehen sich oft gerade kleine, unscheinbare Orte als Mittelpunkt der Welt. Beispiele dafür sind Pausa im Vogtland und Hohenbuch in Oberfranken. Vielleicht muss es so sein, damit der Witz bestehen bleibt. Kleinere Metropolen und B-Großstädte würden sich mit diesem Anspruch eher lächerlich machen als abgelegene unbekannte Orte.

Die Festlegung eines Gemeindemittelpunktes hat bei kleineren unscheinbaren Orten ebenfalls mehr Witz als bei Großstädten. Es ist nicht uninteressant, wo der Mittelpunkt Berlins oder Hamburgs liegt. Witziger ist es jedoch, wenn unscheinbare Städte wie Unna ihren Mittelpunkt markieren, denn wer interessiert sich eigentlich schon für den Mittelpunkt von Unna.

Unterhaltsam ist auch die Markierung eines 'Äquators' als einer Grenzlinie zwischen zwei Räumen. Beispiele dafür sind der Äppeläquator als Dialektgrenze in Unterfranken oder der Weißwurstäquator in Zwiesel als Nordgrenze vom weißwurst-essenden Südbayern. Der Ostfrieslandäquator zeigt andererseits keine Grenzlinie, sondern in etwa die Mittelinie Ostfrieslands.

10.1 Mittelpunkte

Erdachse, Pausa, Neumarkt 1

Die Kleinstadt Pausa sieht sich schon lange als Mittelpunkt des Vogtlandes (bzw. des Fürstentums Reuß). Früher sah man sich teilweise auch schon als Mittelpunkt der Erde. Irgendwann kam man darauf, dies touristisch zu vermarkten. Auf das Dach des Rathauses wurde eine Erdkugel platziert mit der Aufschrift: **'Pausa - Mittelpunkt der Erde'.**
Im Rathauskeller installierte man eine Erdachse, welche man sogar mit Erdachsenöl schmieren kann. Auch ich habe hier schon 50 Cent eingeworfen, um sicher zu gehen, dass die Erde weiterhin rund läuft. Eine 'Erdachsendeckelscharnierschmiernippel-kommission' sorgt dafür, dass immer genug Schmierstoff vorhanden ist (erdachse-pausa.de).

Hohenbuch, Oberfranken, Mittelpunkt der Erde,
Dorfplatz Hohenbuch

In Hohenbuch, ein zur Stadt Kirchenlamitz gehörender Weiler in
Oberfranken, hielt man sich schon immer für den Nabel der Welt.
Der Ort liegt ja auch ziemlich in der Mitte zwischen
Kirchenlamitz und Marktleuthen. So kam es, dass man in
Hohenbuch 1987 einen Granitstein aufstellte: **'Hohenbuch
Mittelpunkt der Welt'**. Der Schmiernippel auf dem Stein, zum
Schmieren der Erdachse, ist allerdings mittlerweile verschwun-
den. Nach 1987 ist die Lage des Ortes sogar noch zentraler
geworden, denn 1989 fiel der Eiserne Vorhang, der 20 km östlich
von Hohenbuch verlief und den Ort nach dem 2. Weltkrieg in eine
Randlage in Westeuropa geraten ließ.

Geographischer Mittelpunkt von Unna
Unna-Uelzen, unweit der Hellweg-Eisenbahnlinie

Das Stadtgebiet von Unna hat eine große Ost-West-Ausdehnung. **Der geographische Mittelpunkt Unnas** liegt östlich des Stadtzentrums im Ortsteil Uelzen (nicht zu verwechseln mit der niedersächsischen Stadt Uelzen) an der historischen Handelsstraße Hellweg und dicht bei der seit 1855 bestehenden Hellweg-Eisenbahnlinie. Zur 750-Jahr-Feier von Uelzen im Jahre 1999 wurde der Punkt vom Heimatverein markiert. Zusätzlich wurden ein dreibeiniges Tafelsignal nach historischem Vorbild, eine Bank, ein Tisch und ein Infokasten aufgestellt.

10.2 Äquator

Ostfrieslandäquator

Ostfrieslandwanderweg in Aurich Sandhorst, 400 m nördlich von der Kreuzung mit dem Neulandweg.

Auf dem Ostfrieslandwanderweg von Leer nach Bensersiel ist der Breitengrad N 53 30' 00'' als **Ostfrieslandäquator** im Boden und durch ein Tor, welches die Kreisvolkshochschule Aurich aufgestellt hat, markiert. Angelegt wurde der 97 km lange Wanderweg seit Ende der 1970er Jahre, zum Teil auf der Strecke der 1969 stillgelegten Kleinbahn Leer-Aurich-Wittmund. Anders als andere Grenzlinien markiert der Ostfrieslandäquator nicht die Grenze eines Gebietes. Er verläuft lediglich ungefähr durch die Mitte Ostfrieslands.

Der Äppeläquator bei Wertheim

An der Hochstraße in Altenbuch im Landkreis Miltenberg

Durch den Spessart nördlich von Wertheim am Main verläuft der
Äppeläquator, die Sprachgrenze Rheinfränkisch/Mainfränkisch.
Südlich davon **'löscht der Oepfelmost den Durscht'** und
'Grumbiernbrei un Wurscht' stillt den Hunger. Nördlich davon
sind es **'Worscht un Äppelwoi'**.
Die Gedenktafel zum Äppeläquator ist dem Unterfränkischen
Dialekt-Institut (UDI) der Universität Würzburg zu verdanken,
welches die im Regierungsbezirk Unterfranken gesprochenen
Dialekte sehr genau untersucht und kartographiert. Der
Gedenkstein wurde im Mai 2004 gesetzt.
In Südbayern ist man sich dieser Dialektgrenze kaum bewusst.
Der Aschaffenburger Kabarettist Urban Priol klingt für die
Oberbayern bereits wie ein Hesse.

Weißwurstäquator von Zwiesel, Zwiesel
Infozentrum 1 an der B1 im Süden Zwiesels

Mitten durch Bayern verläuft der **Weißwurstäquator**, welcher das weißwurstessende Südbayern vom bratwurstessenden Nordbayern bzw. von Franken trennt. Manchmal wird der Verlauf der Donau mit dem 'Äquator' gleichgesetzt, manchmal jedoch nur die Nordspitze der Donau bzw. der 49. Breitengrad, der durch das oberpfälzische Regensburg und das niederbayerische Zwiesel verläuft. In Zwiesel wurde am Ortseingang deshalb, auch um Touristen in die Glasstadt des Bayerischen Waldes und in den `Schmankerl-Pavillon´ an der B1 zu locken, im Oktober 2013 im Beisein der 1. Weißwurstkönigin ein **Weißwurstäquator-Gedenkstein** aufgestellt. Von einem Metallglobus gekrönt, ist er mit einer mehrsprachigen Tafel (DE/EN/CZ) ausgestattet.

11. Seltsame Dinge

Dieses Kapitel soll seltene, im öffentlichen Raum aufgestellte Dinge und die entsprechenden Infotafeln zeigen. Ein Beispiel dafür ist das Summloch in der Fußgängerzone von Rheydt. Wo gibt es sowas sonst noch?

Rheydt - Summstein, Fußgängerzone Hauptstraße

Der Mönchengladbacher Stadtteil Rheydt ist eine der wenigen Orte, wo ein Summstein mit Summloch steht. Es ist eine Nachbildung eines Summloches in einer Höhle auf Malta.

Allerdings wurde das Rheydter **Summloch** im Stein so tief angebracht, dass es manchmal als Urinal missbraucht wird.

Museum der Niederrheinischen Seele, Grevenbroich
Die Villa Erckens im Stadtpark von Grevenbroich ist ein Kultur-
und Ausstellungszentrum. Das Besondere an diesem Zentrum ist
der von der Stadt gewählte Name, der auch auf einem Schild am
Eingang zu lesen ist:

Museum der Niederrheinischen Seele.

Wismar, Wassertor

In der Hansestadt Wismar wurde im Sommer 1921 durch den Regisseur Friedrich Wilhelm Murnau (1888-1931) der Film **'Nosferatu - eine Symphonie des Grauens'** gedreht. Deshalb findet sich am Wassertor am Hafen eine Bodenplatte, welche mit einem Gruselbild aus dem Film an die Dreharbeiten des expressionistischen Meisterwerks erinnert.

Augsburg, Idler, der erste Flieger, Rahmgartengässchen

'Der erste Augsburger Flieger Salomon Idler Schuhmacher und Bürger allhier 1610-1670, landete an dieser Stelle mit seiner selbstgebauten Flugmaschine und erschlug dabei vier Hennen'.

In einer kleinen Gasse am Rande der Innenstadt findet sich an einer Brücke über einen Stadtbach seit 1970 ein Schild für Salomon Idler. Auf einer Tafel sind zudem vier Hühner abgebildet, welche beim Landungsversuch erschlagen worden sein sollen.

Wallenstein-Gedenktafel, Ulm, Weinhofberg

Eine Gedenktafel in Ulm weist darauf hin, dass der General Wallenstein (1583-1634) während des 30jährigen Krieges (1618-1648) **'in diesem v. Schad'schen Haus vom 29. auf den 30 Mai 1630 wohnte'**. Die Tafel hängt jedoch an einem flachen, nüchternen Nachkriegsziegelbau, der sicher niemals Wallenstein beherbergt hat. Das Haus, an dem die Tafel durch den Verein für Kunst und Altertum 1910 angebracht worden war, war im 2. Weltkrieg zerstört worden. Die alte Tafel baute man einfach in die Fassade des Neubaus ein. Sie wirkt dadurch ein bisschen fehl am Platze.

12. Seltsame private Tafeln und Schilder

Die hier gezeigten Schilder sprechen für sich selbst. Das gilt auch für das Pseudo-Arzt-Schild in der Altstadt Tübingens, welches unten zu sehen ist.

Tübingen Münzgasse 5

Schild an einem Haus in Freienlohe

Museum für…, Marktstr. 29, Hamburg (Karo-Viertel)

Die Marktstraße im Hamburger Karo- (Karolinen-)Viertel ist eine
Szenestraße voller Graffiti. An der Fassade des 'Elternhaus'-
Ladens schafft sich jedoch ein **pseudo-offizielles Museumsschild**
Respekt und verhindert wohl so, dass auch diese Fläche von
Graffitis erobert wird.

Goethe-Münzladen, Tübingen, Münzgasse 15

Im ehemaligen Haus des Verlegers Cotta in der Tübinger Altstadt hat Goethe im September 1797 übernachtet. Heute findet sich im Erdgeschoss ein Laden für klassische Münzen. Im Schaufenster hängt folgender Zettel:

Hier kaufte GOETHE seine Münzen
Darunter in kleinerer Schrift …
lebte er noch.

So endet das Buch, wie es begonnen hat: mit **Goethe.**

Schlusswort

Ich hoffe, die kleine Sammlung von kuriosen, absurden und witzigen Infotafeln ist für die LeserInnen unterhaltsam und anregend. Über Hinweise zu weiteren interessanten Tafeln würde ich mich freuen. Kommentare zur bestehenden Sammlung sind ebenfalls willkommen. Am besten an:
Richard.deiss@gmail.com

Zum Autor

Richard Deiss stammt aus Isny im Allgäu, studierte in den 1980er Jahren in München Geografie und arbeitete ab den 1990er Jahren als Verkehrsplaner und im Bereich der Statistik. Heute lebt er in Wuppertal und Berlin. Bei BoD hat er seit 2006 bereits mehr als 50 Titel publiziert, zuletzt neun Bücher zu von ihm besuchten Städten und zwei Wortspielbücher. Zurzeit arbeitet er an einer Buchreihe zu Gedenk- und Informationstafeln (bereits 9 Bände).

Seine Bücher sind in dieser Form außergewöhnlich und decken zudem Themengebiete ab, zu denen es bisher wenige Veröffentlichungen gibt. Die LeserInnen dürfen gespannt sein auf weitere Neuerscheinungen.

Es ist ihm ein Anliegen, seine Leserschaft damit zu unterhalten, zu erstaunen und zu erheitern. Und lernen kann man dabei auch noch etwas.

Quellennachweis:

Bilder: Richard Deiss, Ausnahmen:

London, Jacob von Hogflume
Bild: Wikipedia, Bob Willis
https://commons.wikimedia.org/wiki/File:VonHogflumePlaque.JPG

Hyrtl-Gedenktafel
Chri Sti, Facebook

Texte: Informationen zu den Texten

Altenbuch, Äppeläquator
https://de.wikipedia.org/wiki/%C3%84ppel%C3%A4quator

Berlin, Mierscheid-Steg
https://www.spdfraktion.de/abgeordnete/mierscheid?wp=13
https://de.wikipedia.org/wiki/Jakob_Maria_Mierscheid

Berlin, Billy Wilder Gedenktafel
https://www.berliner-woche.de/schoeneberg/c-sonstiges/ferruccio-busoni-und-billy-wilder-lebten-am-viktoria-luise-platz_a54000

Berlin, Checkpoint Qualitz
https://marjorie-wiki.de/wiki/Checkpoint_Qualitz

Bielefeld-Deppendorf, Fliegen retten Aktion
https://www.fliegenretten.de/

Bielefeld, Gedenkstein Bielefeld-Verschwörung
https://www.westfalen-blatt.de/owl/bielefeld/jetzt-ist-schluss-mit-lustig-973586

Bielefeld, Tafel Kamel an der Kunsthalle

http://www.kunstmarkt.com/pagesmag/kunst/_id76570-/news_detail.html?_q=%20

Bielefeld, Stein der Steuerzahler

https://www.nw.de/lokal/bielefeld/mitte/22111391_Das-sind-Bielefelds-dickste-Brocken.html

Dinxperwick

https://dinxperwick.info/

Dresden, Schlacht am Alaunplatz

https://www.isgv.de/aktuelles/details/fundstueck-aus-dem-isgv-im-april-2021

Göttingen, Göttinger Sieben

https://denkmale.goettingen.de/denkmale/goettinger-sieben.html

Günzburg

https://www.guenzburg-tourismus.de/erkunden/sehenswuerdigkeiten/zum-schmunzeln/

Hamburg. Miniatur Wunderland

https://www.miniatur-wunderland.de/

Jena, Goethe-Schiller-Messingplatten

https://www.thueringen-lese.de/sehenswuerdigkeiten/oertlichkeiten/messingplatten-fuer-goethes-und-schillers-begegnung-in-jena/

Jena, Hotel Schwarzer Bär

https://de.wikipedia.org/wiki/Hotel_Schwarzer_B%C3%A4r

Jena, Demelius-Gedenktafel

https://www.jenatv.de/mediathek/1126/Neue_Gedenktafel_fuer_Friedrich_Wilhelm_Demelius.html

Köln, Monte Troodelöh
https://de.wikipedia.org/wiki/Monte_Troodel%C3%B6h

Köln, Dimitrijevic Tafel
https://www.ksta.de/kultur/steinplatte-vor-dem-dom-das-meistuebersehene-kunstwerk-der-welt-37021922?cb=1651428028495&

Köln, Schmitz-Säule
https://www.deutschlandfunk.de/die-schmitz-saeule-am-alter-markt-von-koeln-zum-mond-von-100.html

Kyritz, Gedenktafel Nichts geschah
https://www.leben-unterwegs.com/2013/04/nichts-passiert-in-kyritz/

Pausa, Erdachse
Erdachsendeckelscharnierschmiernippelkommission zu Pausa e.V. (erdachse-pausa.de)

Plauen, Gastwirtschaft Matsch, Goethe-Tafel
http://www.goethezeitportal.de/wissen/illustrationen/johann-wolfgang-von-goethe/goethe-denkmaeler/goethe-denkmaeler-und-erinnerungsorte-auf-postkarten-ii.html

Wertheim, Weltmarktführer-Schild
https://www.wertheim.de/startseite/aktuelles/wertheim+will+_stadt+der+weltmarktfuehrer_+werden.html

Westerstede, Duz-Platz
https://www.westerstede-touristik.de/

Wismar, Nosferatu
https://www.wismar.de/Tourismus/100-Jahre-Nosferatu/

Zwiesel, Weißwurstäquator
https://www.zwiesel.de/kunst-und-kultur/weisswurstshyaequator.html

Weitere Städtebücher des Autors bei books on demand, www.bod.de

in der Reihe **Tausend Tafeln**

Hier war Goethe nie
77 wundersam-witzige Info- und Gedenktafeln, Norderstedt 2022

Stadt der Gedichte
77 Gedichttafeln in Städten, Norderstedt 2022

Seltsame Zunge
77 Tafeln mit Dialekttexten, Norderstedt 2022

City of poems
77 Gedichttafeln in fremden Sprachen, Norderstedt 2022

Zahlen bitte!
77 Infotafeln die zählen und Zahlen zeigen, Norderstedt 2022

Aalweber und Zitronenjette
77 städtische Originale und ihre Denkmäler, Norderstedt 2022

Rübezahl und Karpfenjule
77 Denkmäler für fiktive Figuren, Norderstedt 2023

Baum der Besinnung und Splittereiche
77 Baumbegegnungen, Norderstedt 2023

Haussmann, Holl und Hillebrecht
77 Denkmäler für Architekten und Baumeister, Norderstedt 2023